Rainer Haak

# Auf die Melodie des Lebens!

SKV-EDITION

Bildnachweis:
Umschlagbild: Ch. Palma
Innenbilder: S. 3: W. Wirth; S. 5: M. Ruckszio; S. 7: H. Reinhard; S. 11: G. Hartmann; S. 13: K. Radtke; S. 15: A. Albinger; S. 19, 23: G. Weissing; S. 21: Ch. Palma; S. 27: H. Koch/Dr. G. Wagner; S. 29: V. Rauch; S. 31: J. Jämsén; S. 35: W. Rauch; S. 37: T. Schneiders; S. 39: L. Bertrand

Die Deutsche Bibliothek – CIP-Einheitsaufnahme

**Haak, Rainer:**
Auf die Melodie des Lebens! / Rainer Haak. – Lahr : SKV-Ed., 2002
(Champagner für die Seele ; 94662)
ISBN 3-8256-4662-9

Champagner für die Seele 94 662

Gesamtherstellung: St.-Johannis-Druckerei, Lahr/Schwarzwald
Printed in Germany 108197/2002

Champagner für die Seele

3

# Auf die Melodie des Lebens!

Für die meisten Menschen ist Champagner etwas ganz Besonderes, was sie allenfalls zu außergewöhnlichen Ereignissen genießen. Immer nur Champagner, das würde bald kein Genuss mehr sein. Und immer nur Wasser und Brot wäre nicht auszuhalten. Wir alle brauchen Abwechslung im Leben, Alltag und Feiertag, Sonne und Regen, Arbeit und Freizeit, Musik und Stille, Gemeinschaft und Alleinsein.

Lassen Sie sich verwöhnen mit »Champagner für die Seele«. Machen Sie sich auf die Suche nach Ihren Träumen und Sehnsüchten. Und fragen Sie Ihre Seele nach der Melodie des Lebens.

Ich wünsche Ihnen viel Freude beim Lesen der Texte und Betrachten der Bilder und viele »prickelnde« Erfahrungen!

Herzlichst
Ihr Rainer Haak

Ein romantischer Sonnenuntergang am Meer,
endloses Warten im Regen auf die Straßenbahn,
ein fröhliches Fest mit lauter guten Freunden,
schwierige Verhandlungen mit negativem Ausgang,
eine Wanderung in den Bergen bei bester Laune,
Tage voller Angst im Krankenhaus,
ein Erfolg, den ich nicht erwartet hatte,
eine bittere Enttäuschung –
das Leben in seinen unterschiedlichen Farben,
und keinen Tag möchte ich missen!

# Champagner für die Seele

Ich wünsche mir,
dass wir die Welt
nicht nur den Realisten überlassen,
die stets vernünftig sind,
die immer richtig funktionieren
und sich durch nichts begeistern lassen.
Wir brauchen für unsere Welt
auch die Träumer und die Kinder,
die Clowns und die Versager,
die Tänzer und Sänger und Lebenskünstler.

Menschlich wird diese Welt
nicht durch noch mehr wichtige Persönlichkeiten,
sondern durch Menschen,
die ihren Zug verpasst haben,
weil sie erst einem kleinen Jungen helfen mussten,
seine Glasperlen aufzusammeln.

Lieber pflanze ich Blumen,
statt über eine Welt ohne Blumen zu klagen.

Am liebsten hätte ich
immer schöne Augenblicke
und niemals schwere!
Doch auszuhalten
ist nur die richtige Mischung.

Von manchen Kostbarkeiten
will ich nur träumen
oder sie aus der Ferne bewundern,
statt sie zu besitzen
und keine Träume mehr zu haben.

Das Glück finde ich nicht,
wenn ich versuche,
besonders schöne Augenblicke zu wiederholen.
Das wahre Glück ist immer neu
und immer anders.

Wenn ich mir für jeden Tag einen Plan mache
und ihn peinlich genau einhalte –
wo ist dann noch Platz
für die wunderbaren Überraschungen des Lebens?

Manchmal denke ich,
das war's,
so schön wird es nie wieder sein,
und plötzlich fängt es erst richtig an.

Das Leben hat viele Farben.
Jede Farbe ist ein Teil des Ganzen,
und keine Farbe kann
das Leben vollständig beschreiben.
Saat ist Leben und Ernte ist Leben,
Kampf um die Existenz ist Leben,
Krankheit ist Leben und Genesung ist Leben,
Abschied ist Leben und Trennung ist Leben,
Kennen lernen und ein neuer Anfang.
Schlafen ist Leben und Wachen ist Leben,
Schuld und Verzweiflung
und der Sieg über mich selbst.

Immer mehr, so lese ich
im Wirtschaftsteil der Zeitung.
Immer höher hinauf, so lautet
die Lebensplanung vieler Menschen.
Immer abwechslungsreicher, das ist
die Erwartung der Freizeitgesellschaft.
Doch die Melodie des Lebens
wird nicht dadurch schöner,
dass sie lauter und schneller gespielt wird.
Die Melodie ist wunderbar,
weil es die Melodie des Lebens ist.
Und ich werde einstimmen,
wenn ich mein Herz für sie öffne.

Immer mehr ist oft weniger,
und immer größer ist zu klein gedacht.
Immer schneller ist nicht gut,
denn das Leben hat sein eigenes Tempo.

Manches kann ich nicht »machen«,
manches kann ich nicht ändern,
manches kann ich nicht beeinflussen.
Manches kann ich nur zulassen.

Ich kenne gute Menschen und böse Menschen,
starke und schwache,
erfolgreiche und erfolglose,
glückliche und traurige.
Ich kenne sie alle,
weil ich mich kenne.

Das Lächeln,
das ich mir selbst schenke,
wird auch meinen Mitmenschen
nicht verborgen bleiben.

An jedem Tag erklingt die Melodie des Lebens,
fröhlich und melancholisch,
schnell und langsam, laut und leise,
doch ich allein entscheide,
ob ich abseits stehen bleibe
oder mittanze.

Manchmal freue ich mich
und weiß gar nicht, worüber.

Dein Lächeln
kann Herzen öffnen,
deine Liebe den Himmel.

Wer immer nur schwarz sieht,
hat den falschen Blick,
und wer nur rosarot sieht,
hat nichts vom Leben verstanden.
Das Leben hat viele Farben,
und alle gehören dazu.

Wenn mir das Leben gefällt
und ich richtig glücklich bin,
kann ich weinen und lachen zugleich.

Keine Pflicht erledigen
und keine Leistung erbringen.
Einfach nur hören und sehen
und fühlen und atmen.
Nichts?
Einfach nur hören und sehen
und fühlen und atmen.
Und plötzlich spürst du es –
das Leben.

Wenn ich morgens früh miterlebe,
wie die Vögel fröhlich singen
und den neuen Tag begrüßen,
dann schweige ich und denke:
Dem habe ich nichts hinzuzufügen!

Wenn ich mit »wenig« zufrieden bin,
wird mich das Leben
mit »viel« überraschen.

Was ich gelernt habe,
will ich meinen Kindern beibringen.
Und was ich verlernt habe,
bringen meine Kinder mir bei.

Als ich meinte,
jetzt kenne ich das Leben
und weiß über alles Bescheid,
da bekam ich plötzlich Lust,
noch einmal neu anzufangen.

Wenn ich oben am Felsufer stehe
und hinunterschaue
auf das strahlend blaue Meer,
eine Landzunge in der Ferne
und lauter weiße Segelboote,
dann will ich nicht überlegen,
wann ich die Couch neu beziehen lasse.

Das schönste Geheimnis verliert seinen Reiz,
wenn es auf den Marktplatz getragen wird.

Manchmal hat meine
Seele genug von Zahlen
und Fakten. Manchmal will sie
nichts weiter als glücklich sein.

Ich kann mich reich beschenkt fühlen,
auch wenn ich nur wenig Geld habe.
Ich kann Sonnenschein verbreiten,
auch wenn es tagelang regnet.
Ich kann fröhlich und glücklich sein,
auch wenn ich gerade kein Glück habe.
Und ich kann meinem Ziel nahe sein,
wenn ich neu anfange.

Die Melodie des Lebens erklingt
bei der Geburt eines Kindes,
beim Warten auf eine Antwort,
in der riesigen Fabrikhalle,
bei einer langen Wanderung,
am Krankenbett der alten Mutter
und beim Klingeln des Weckers morgens früh.
Und jeder Mensch hat
ein Leben lang die Möglichkeit,
diese Melodie endlich kennen zu lernen.

Ebbe und Flut wechseln sich ab,
Berge und Täler,
Sommer und Winter.
Ich will akzeptieren,
dass es auch in meinem Leben
Höhen und Tiefen gibt.

Manchmal muss ich schnell zugreifen,
wenn ich das Glück nicht verpassen will.
Und manchmal erfahre ich das Glück nur,
wenn ich bereit bin, lange genug zu warten.

Ab und zu ist es Zeit,
die Fenster weit zu öffnen
und das Glück hereinzulassen.

Wenn mein Glückstag kommt,
will ich ihn auf keinen Fall versäumen.
Und darum rechne ich täglich damit!

Manchmal kann ich mich nicht freuen,
weil keine Freude in meinem Herzen ist.
Dann gibt es noch die Möglichkeit,
mich mit anderen mitzufreuen.

Alles kann ich nicht
und vor allem nicht alles auf einmal.
Wenn ich etwas Neues wagen will,
überlege ich deshalb vorher,
worauf ich dafür verzichten werde.

Ich will nicht ständig
gegen das Leben
ankämpfen. Viel lieber will ich mich
mit dem Leben anfreunden.

Wenn ich davon überzeugt bin,
meinen Weg gefunden zu haben,
dann will ich nicht andere überreden,
ihren Weg zu verlassen.
Ich will mich auf den Weg machen.

Am Abend will ich ablegen –
nicht nur den Hut und den Mantel,
sondern auch Ängste, Pflichten und Sorgen.

»Champagner für die Seele« schenkt »Erfrischung« für alle Menschen, die sich nach inneren Werten wie Glück, Liebe und Wertschätzung sehnen.

Folgende Titel sind lieferbar:

94 651 Auf die Freundschaft!
94 653 Auf das glückliche Paar!
94 654 Auf die Freude am Leben!
94 658 Auf einen lieben Menschen!
94 659 Auf ein fröhliches Herz!
94 660 Auf den Zauber des Augenblicks!
94 661 Auf das neue Lebensjahr!
94 662 Auf die Melodie des Lebens!

*Informationen über Bücher und Veranstaltungen von Rainer Haak erhalten Sie im Internet unter: www.rainerhaak.de*